ENTRETIEN INDIVIDUEL

je me marre !!!

CHEZ LE MÊME ÉDITEUR

GABS. – JISSEY. *Management je me marre !!!*
G03589,21 x 21, 61 pages, 1992.

GABS. – JISSEY. *Communication je me marre !!!*
G11081, 21 x 21, 64 pages, 1993.

GABS. – JISSEY. *Commercial je me marre !!!*
G11218, 21 x 21, 64 pages, 1994.

GABS. – JISSEY. *Entreprise le climat pourrait bien s'améliorer !!!*
G11411, 21 x 21, 72 pages, 1995.

GABS. – JISSEY. *Changement je me marre !!!*
G11658, 21 x 21, 64 pages, 1997.

GABS. – J.-G. MILLET. *Lapsus révélateurs de la vie de bureau !!!*
G03582, 21 x 15, 56 pages, 1997.

F.-M. PONS. – M. DE RAMECOURT. – GABS. *Ces mots qui en disent long !!!*
G03587, 13,5 x 21, 72 pages, 1999.

GABS. – D. LAURU. – P. BERRIAU. – J. GABILLET. *Tout est psy dans la vie ?*
G03588, 14 x 21, 96 pages, 2001.

GABS. *Clients y'en a marre !!!*
G11030, 21 x 21, 112 pages, 2002.

J.-G. MILLET. – GABS. *Nouveaux lapsus révélateurs de la vie de bureau.*
G11250, 17 x 21, 58 pages, 2003.

GABS. *Réunions y'en a marre !!!.*
G11306, 21 x 21, 104 pages, 2003.

GABS. – PAUMARD. – J.-G. MILLET. *Moi le vin j'y connais rien !*
G53389, 14,8 x 21

D. KENYON–ROUVISEZ. – GABS. *Succession de l'entreprise familiale*
G53390, 18 x 18, 128 pages

Autre éditeur

GABS. *Au lit,* Editions Glénat.
GABS. – D. LAURU. – P. BERRIAU. – J. GABILLET. *Tout est psy en vacances,* Éditions Albin Michel.
GABS. *La vie en entreprise, l'Usine nouvelle, tome 1. 1998 ; tome 2. 1999.*

Site de l'auteur : www.gabs.fr

ISBN 2-212-11705-1
www.editions-eyrolles.com

Gabs

ENTRETIEN INDIVIDUEL

Je me marre !!!

EYROLLES

Vous avez cinq minutes...

- Ah ! Guyomarc'h, vous tombez bien ! j'ai un trou dans mon emploi du temps, ça vous dirait de passer votre entretien annuel ?

- Mais on ne se parle pas de l'année !

- Justement, profitons-en, j'ai cinq minutes.

- Et de quoi allons-nous parler ?

- Mais de vous Guyomarc'h, de vos objectifs, vos résultats, vos ambitions...

- Depuis quand vous intéressez-vous à moi ?

- Je vous l'ai dit, j'ai cinq minutes et puis c'est social ! Vous n'allez pas me reprocher de faire du social !!!

- C'est social si vous m'écoutez vraiment, si vous prenez en compte mes attentes et mes besoins et s'il y a un vrai suivi à cet entretien.

- Ah Guyomarc'h, vous êtes incorrigible à douter sans cesse des méthodes de management ; alors, c'est oui, ou c'est non ?

- On fait ça où ?

- Dans mon bureau.

- Trop formel !

- À la cantine ?

- C'est ça ! pour que tout le monde en profite entre les œufs mimosa et le yaourt allégé !

Prenons un verre.

- En voilà une bonne idée ! Le vin nous aidera à faire connaissance, car un entretien, n'est-ce pas d'abord la rencontre de deux personnes ?

Cinq minutes plus tard...

- À la tienne Guyomarc'h !

- À la tienne patron et félicitations !

- Félicitations pourquoi ?

- Pour ne pas avoir préparé cet entretien ! jamais on ne se serait dit autant de choses.

-T'as raison Guyomarc'h et merci de m'avoir fait découvrir ce Touraine Mesland fruité, gouleyant et pas cher pour un sou !

- À ce propos, je voulais te demander… pour mon salaire ?

- Ah non Guyomarc'h, n'en profitez pas ! Garçon, l'addition !!!

Sacré Guyomarc'h ! La prochaine fois, il saura qu'un entretien individuel réussi, c'est…

MÉFIE-TOI DES ENTRETIENS D'ÉVALUATION C'EST COMME ÇA QUE J'AI RENCONTRÉ MON MARI !!!
GABS.

Anticiper et s'y préparer

POUR L'ENTRETIEN ANNUEL, LUNDI, DANS 15 JOURS, ÇA VOUS VA ?
¡IMPOSSIBLE ! J'AURAI DÉJÀ QUITTÉ LA BOÎTE!!!
GABS.

DANS 15 JOURS...
ÇA TOMBE BIEN, ÇA
VA ÊTRE MA
FÊTE !!!
CALENDRIER
ENTRETIENS
GABS.

J'AI 5 MINUTES, QUI VEUT FAIRE SON ENTRETIEN ?
GABS.

UN ENTRETIEN D'ÉVALUATION... EST-CE BIEN UTILE ?
C'EST DRÔLE ! JE ME POSAIS LA MÊME QUESTION...
GABS.

JE VIENS DE FAIRE UN 18 TROUS AVEC LE PATRON : ÇA PEUT REMPLACER L'ENTRETIEN ANNUEL ?
ÇA DÉPEND !, TU L'AS LAISSÉ GAGNER ?
RH
GABS.

FICHE 1: FRAPPEZ AVANT D'ENTRER.
GABS.

VOUS VOULEZ UNE DÉDICACE ?
MA VIE
MON OEUVRE
GABS.

ALORS, VOUS ÊTES QUI, VOUS DÉJÀ ?
GABS.

SI ON PEUT FAIRE VITE, ÇA M'ARRANGERAIT, J'AI UN CLIENT QUI M'ATTEND !!!
GABS.

JE ME SUIS PERMIS DE PRÉPARER MON ENTRETIEN...
CE QUI NE VA PAS!
GABS.

J'AI AMENÉ MON COACH!
GABS.

JE N'AURAIS PAS DÛ METTRE MES CHAUSSURES NEUVES...
ENTRETIEN
COUIC COUIC COUIC
COUIC
COUIC
GABS.

D’abord une rencontre entre deux personnes

BIENVENUE À L'ENTRETIEN ANNUEL...
...D'HUMILIATION !
GABS.

TOUS LES JOURS J'ARRIVE EN RETARD, ALORS JE ME SUIS DIT « JEAN-MICHEL, SURTOUT RESTE TOI MÊME!!! »
GABS.

MERCI FALLAIT PAS !
SI, SI ! J'Y TIENS !!!
GABS.

BON! JE REÇOIS D'ABORD LES INCOMPÉTENTS!!!...
GABS.

C'EST FOU ÇA ! ÇA FAIT 10 ANS QU'ON TRAVAILLE DANS LA MÊME BOÎTE, ET ON NE S'ÉTAIT PAS ENCORE RENCONTRÉS ?
C'EST FOU...
GABS.

C'EST ENFANTIN ! L'ENTRETIEN INDIVIDUEL CONSISTE À DÉFINIR LES OBJECTIFS QU'UN SUPÉRIEUR HIÉRARCHIQUE FIXE À UN INFÉRIEUR HIÉRARCHIQUE...
ON Y VA ?
GABS.

VOUS VOUS RENDEZ COMPTE : UN AN DÉJÀ !
COMME LE TEMPS PASSE...
VOUS, VOUS N'AVEZ PAS CHANGÉ !
GABS.

BIEN : ON VA SE DIRE DE MANIÈRE FORMELLE, TOUT CE QU'ON S'EST DÉJÀ DIT À LA CAFET...
GABS.

ON NE SE PARLE PAS DE L'ANNÉE, ON PEUT S'ENTRETENIR UNE FOIS PAR AN !!!
GABS.

MAINTENANT QU'ON SE CONNAÎT MIEUX, SI ON COMMENÇAIT L'ENTRETIEN ?
D'ACCORD MAIS C'EST MA TOURNÉE !!!
SI, SI, J'Y TIENS !
GABS.

MAIS JE SUIS LÀ
À PARLER DE MOI...
JE NE VOUS EMBÊTE PAS
AU MOINS ?
GABS.

BON ! C'EST MOI QUI CONDUIT L'ENTRETIEN ! VOUS VOULEZ ALLER OÙ ?
GABS.

Mettre en confiance et être à l'aise

JE VOUS EN PRIE...
GABS.

MAIS NON
JE VOUS ASSURE
IL N'Y A PAS
DE MICRO !!!
GABS.

MAIS DÉTENDEZ-VOUS QUE DIABLE !!!
TABLE D'ÉVALUATION
GABS.

HIN! HIN! HIN!
HIN! COMMENÇONS...
GABS.

ALLEZ-Y
JE VOUS ÉCOUTE !
PENDANT CE TEMPS-LÀ
JE TERMINE UN DOSSIER
IMPORTANT...
GABS.

ALORS QUOI DE NEUF DEPUIS LES RÉSULTATS DÉPLORABLES DE LA DERNIÈRE FOIS ?
GABS.

TIENS! CHANGEONS DE SUJET : VOUS EN ÊTES OÙ DANS VOTRE DIVORCE ?
BILAN
GABS.

À LA RÉFLEXION CES FAUTEUILS SONT PEUT-ÊTRE TROP CONFORTABLES...
GABS.

TOUT VA BIEN!
OUBLIE LA PERSONNE
ET CONCENTRE-TOI SUR
SON POSTE...
GABS.

JE VOUS ÉCOUTE !!!
COMMENT ?
GABS.

LE LANGAGE GESTUEL
REPOS!
GABS.

À LA BONNE HEURE ! ENFIN VOUS VOUS ÊTES OUVERT ET AVEZ PARLÉ LIBREMENT...
BRAVO !
SI, SI !
?
GABS.

Évaluer sans juger

JE VAIS VOUS FAIRE GAGNER UN TEMPS FOU : JE ME SUIS DÉJÀ AUTOÉVALUÉ !!!
GABS.

AUTOÉVALUATION.
JE SUIS LE MEILLEUR!
JE SUIS LE MEILLEUR!
JE SUIS LE MEILLEUR!
JE SUIS LE MEILLEUR!
GABS.

RASSUREZ-VOUS ÇA RESTE EN TOUTE CONFIDENTIALITÉ...
NUL
PAS NUL
TRÈS NUL
AUTO ÉVALUATION
GABS.

EUH... S'IL VOUS PLAÎT ?
PLUS TARD ! ON S'AUTOÉVALUE !!!
CLIENT
GABS.

SOIS BON !
SOIS BON !
GABS.

AVANT DE COMMENCER, UN PETIT DÉTAIL : J'ADORE LES ÉVALUATEURS !!!
FICHE
GABS.

MAIS SI, MAIS SI ! POUR ÉVALUER VOS PROGRÈS, 5 MINUTES CE SERA LARGEMENT SUFFISANT...
GABS.

JE SUIS EN PLEINE ÉVOLUTION, MAIS J'AI ÉTÉ MALADE...
GABS.

PAS DE CHICHIS ENTRE NOUS BERTHIER : VOUS PRÉFÉREZ QUE JE VOUS JUGE AVANT OU APRÈS L'ENTRETIEN ?
GABS.

BOU! BOU! JE SUIS UN BON À RIEN! VOUS PERDEZ DU TEMPS AVEC MOI...
BOU! BOU!
MAIS NON! MAIS NON!
GABS.

JUGEZ-MOI !
ÉVALUEZ-MOI !
MAIS NE DITES RIEN
À MA FEMME !!!
GABS.

CERTES, ME DIREZ-VOUS : UN ENTRETIEN SE FAIT À DEUX, MAIS MON JUGEMENT SE FAIT TOUT SEUL !
JE VOUS ÉCOUTE...
TAC
TIC TAC
TAC TIC
TIC TIC
TIC
TAC
GABS.

VOUS VOUS RENDEZ COMPTE ! Y'A MÊME PAS L'ÉDUCATION PHYSIQUE POUR VOUS RATTRAPER...
NOTES
GABS.

BOF...
BOF : OUI !
OU, BOF : NON ?
GABS.

SI VOUS M'APPRÉCIEZ POURQUOI AVEZ-VOUS BESOIN DE M'ÉVALUER ?
?
GABS.

ET À PART VOS ATTENTES, VOS BESOINS, VOS OBJECTIFS, VOTRE PERSPECTIVE DE CARRIÈRE... QU'EST-CE QUE VOUS AVEZ À ME RACONTER ?
GABS.

VOTRE CARRIÈRE ÇA VA, MAIS ALORS VOUS...
GABS.

DU TOUT! DU TOUT!
JE NE VOUS JUGE PAS!
ON DISCUTE, C'EST
TOUT...
GABS.

BON, BON, BON, BON, BON...
AÏE, AÏE, AÏE, AÏE, AÏE...
GABS.

Faire le point sur le travail de l'année

BONJOUR ! JE PARS QUAND EN FORMATION ?
CES NOUVEAUX OBJECTIFS, C'EST POUR BIENTÔT ?
ET MON SALAIRE, VOUS Y AVEZ PENSÉ ?
C'EST MOI QUI POSE LES QUESTIONS !!!
GARS.

COMMENT EXPLIQUEZ-VOUS VOS RÉSULTATS ?
JOKER !
GABS.

CETTE ANNÉE JE N'AI PAS TENU MES OBJECTIFS, ET J'EN AI ABSOLUMENT RIEN À FOUTRE !!!
GABS.

ET NE ME DITES PAS QUE VOUS NE VISEZ PAS MA PLACE, JE NE VOUS CROIRAIS PAS...
GABS.

...ET EN DEHORS DE VOS VACANCES QUELS SONT VOS PROCHAINS OBJECTIFS ?
GABS.

VOUS AVEZ TENU VOS OBJECTIFS ?
OH ! OUI ! J'AI ÉCRASÉ LAMBERT ! LESSIVÉ ! ÉTRILLÉ ! PULVÉRISÉ !
GABS.

AH BON, CE N'EST PAS NÉGOCIABLE !
ILS SONT STRATÉGIQUES ET OPÉRATIONNELS IMMÉDIATEMENT !
VOUS ME LAISSEZ RÉFLÉCHIR...
NOUVEAUX OBJECTIFS
COLLECTION PRINTEMPS-ÉTÉ 2006
GABS.

EST-CE QUE VOTRE EMPLOI ACTUEL VOUS CONVIENT ?
ET VOUS ?
GABS.

JE SUPPOSE QUE VOUS AVEZ DES AMBITIONS ET QUE VOUS SOUHAITEZ UNE PROMOTION ?
SI VOUS SAVEZ DÉJÀ TOUT POURQUOI M'AVOIR FAIT VENIR...
GABS.

PAS FINI L'ENTRETIEN ? MOI AUSSI J'AI DES OBJECTIFS !!!
COUIC! COUIC!
GABS.

BON!
ALLEZ, HOP!
IL EST TEMPS DE
CONCLURE : PRÉRETRAITE ?
PLACARD ? OU NOUVEAUX
OBJECTIFS ?
GABS.

ALLONS DROIT AU BUT: QUELLES ONT ÉTÉ VOS RÉUSSITES DE CETTE ANNÉE?
POUVEZ-VOUS RÉPÉTER LA QUESTION...
GABS.

QU'ATTENDEZ-VOUS DE L'ENTREPRISE ?
HA! HA! HA! HOUOUOU... HI!
GABS.

Savoir conclure

ON RECOMMENCE TOUT ?
NON, J'RIGOLE !!!
GABS.

DÉJÀ FINI ! MAIS
JE NE VOUS AI PAS PARLÉ
DE MON GRAND QUI
RENTRE EN CP...
GABS.

VOUS ÊTES
MEILLEUR QUE MOI
RAMIREZ : VOUS N'AUREZ
JAMAIS CE
POSTE !!!
GABS.

ET COMME ON
DIT PAR CHEZ NOUS :
« ENTRETIEN EN NOVEMBRE
AUGMENTATION EN
DÉCEMBRE ! »
GABS.

ON SERA AU MOINS D'ACCORD SUR UN POINT: HEUREUSEMENT QU'ON NE SE VOIT QU'UNE FOIS PAR AN !!!
GABS.

MERCI !
Y AURA-T'IL
UN SUIVI À CET
ENTRETIEN ?
OH NON !
PAS CETTE
QUESTION-LÀ...
GABS.

L'ENTRETIEN ANNUEL C'EST "BAS LES MASQUES" PENDANT UNE PETITE HEURE, ET "PERDU DE VUE" LE RESTE DE L'ANNÉE !!!...
GABS.

PLUS JE CONNAIS LE PERSONNEL, PLUS J'AI ENVIE DE CHANGER DE BOÎTE...
ENTRETIENS
GABS.

Un bon moment à passer

CET ENTRETIEN S'EST-IL DÉROULÉ :
☐ BIEN ?
☐ MOYENNEMENT BIEN ?
☐ PAS BIEN DU TOUT ?
DEVINE ?
VLAN !!!
GABS.

J'AVAIS RÉVISÉ L'ENTRETIEN SEMI-DIRECTIF ET IL L'A MENÉ EN NON-DIRECTIF...
FLÛTE !
GABS.

ALORS ?
IL A TRANSFORMÉ MES ACQUIS EN LACUNES !!!
ENTRETIEN
GABS.

ENTRETIEN ANNUEL
GABS.

VLAN!!!
TU NE ME PARLES PAS DE MON CARNET, ET MOI JE NE TE DEMANDE PAS COMMENT S'EST PASSÉ TON ENTRETIEN?
OK?
GABS.

MARTINEAU, IL REDOUBLE !!!
GABS.

ÇA A TRÈS MAL COMMENCÉ : IL M'A DIT QU'ON N'ÉTAIT PAS LÀ POUR PARLER SALAIRES !!!
ENTRETIEN
GABS.

OUI !!!!! J'AI PASSÉ MON ENTRETIEN... ET J'AI PAS ENVIE DE RECOMMENCER !
GABS.

ENTRETIEN
À TOI AUSSI ON A DIT DE SE "REMETTRE EN CAUSE" et DE "REBONDIR" ?
PAREIL...
GABS.

MÉFIE-TOI DES ENTRETIENS D'ÉVALUATION C'EST COMME ÇA QUE J'AI RENCONTRÉ MA FEMME !!!
GABS.

Achevé d'imprimer en France
par Pollina s.a., 85400 Luçon - n° L97321
Dépot légal juillet 2005
N° d'éditeur : 7269